COLLECTION

DE

M. BRÉBANT-PEEL

TABLEAUX

ET DESSINS

MODERNES

Exposition le Mardi 17 Mars 1868

VENTE

Le Mercredi 18 Mars 1868

Dé une heure à cinq heures.

Mᵉ CHARLES PILLET, COMMISSAIRE-PRISEUR | M. FRANCIS PETIT, EXPERT

1868

DON MOREAU-NÉLATON 1927

COLLECTION DE M. BREBANT-PEEL

CATALOGUE

DE

TABLEAUX

et

DESSINS MODERNES

DONT LA VENTE AURA LIEU

HOTEL DROUOT, Salle N° 5

Le Mercredi 18 Mars 1868

A DEUX HEURES PRÉCISES

Par le ministère de Mᵉ **Charles PILLET**, Commissaire-Priseur,
11, rue de Choiseul,

Assisté de M. **Francis PETIT**, Expert, rue Saint-Georges, 7.

Chez lesquels se trouve le présent Catalogue.

EXPOSITION PUBLIQUE

Le Mardi 17 *Mars* 1868, *de une heure à cinq heures.*

CONDITIONS DE LA VENTE

Les acquéreurs payeront *cinq pour cent* en sus des adjudications.

Elle sera faite au comptant.

NOTA. — A partir du 15 avril prochain, l'étude de Me Charles PILLET sera transférée de la rue de Choiseul, 11, à la rue Grange-Batelière, 10.

151. — Paris. imp. de PILLET fils aîné, rue des Grands-Augustins, 5.

TABLEAUX

AUFRAY

1 — **Le petit Dérobeur.**

Haut., 24 cent.; larg., 19 cen

AUFRAY

2 — **La Poupée cassée.**

Bois. Haut., 24 cent.; larg., 19 cen

BAKALOWICZ

3 — L'Oiseau favori.

Haut., 17 cent.; larg., 12 cent.

BACON

4 — Jeune Garçon attrapant des mouches.

Haut., 27 cent.; larg., 21 cent.

BESSON (Faustin)

5 — Paysanne.

Haut., 72 cent.; larg., 41 cent.

BESSON (Faustin)

6 — Grande Dame.

Haut., 72 cent.; Larg., 41 cent.

ROSA BONHEUR

7 — Veau dans une étable.

Toile. Haut., 21 cent.; larg., 28 cent.

PEYROL-BONHEUR

8 — Moutons au repos dans une prairie.

Toile. Haut., cent.; larg., cent.

BRISSOT

9 — Berger et Moutons, garennes de Calais.

Bois. Haut., 38 cent.; larg., 45 cent.

CALAME

10 — Maison sous les chataigniers, Oberland (Suisse.)

Haut., 43 cent.; larg., 54 cent.

J. CAROLUS

11 — Le Mari soupçonneux.

Haut., 64 cent.; larg., 51 cent.

CHAPLIN

12 — Les Souliers de Bal.

Haut., 47 cent.; larg., 22 cent.

CHAPLIN

13 — L'Oiseau envolé.

Haut., 47 cent.; larg., 22 cent.

CHAVET

14 — La Tasse de thé.

Haut., 26 cent.; larg., 19 cent.

CHAIGNEAU

15 — Moutons paissant dans la plaine de Barbizon.

Haut., 35 cent.; larg., 70 cent.

COIGNARD

16 — Le Passage du Bac.

Haut., 45 cent.; larg., 91 cent.

COIGNARD

17 — Descente de la Gorge aux Loups (Fontainebleau.

Haut., 26 cent.; larg., 41 cent.

G. DAVIS

18 — Vue en écosse (Invernisshire).

Haut., 46 cent.; larg., 75 cent.

DEBRAS

19 — Un Bravo.

Haut., 62 cent.; larg., 45 cent.

DECAMPS

20 — Ferme au bord d'un étang. Effet de soir.

Haut., 19 cent.; larg., 25 cent.

DESJARDINS

21 — Le Retour des champs.

Haut., 58 cent.; larg., 90 cent.

DÉLÉCHAUX

22 — Richelieu engageant Louis XIII à abdiquer

Haut., 49 cent.; larg., 60 cent.

DEVERIA (Eugène)

23 — Catherine d'Aragon et le cardinal Wolsey.

Haut., 1 mètre 45 cent.; larg., 1 mètre 16 cent.

DEVERIA

24 — Sacre de Charles X.

Esquisse terminée du tableau qui fut détruit en 1848 au Palais-Royal.

Haut. 55 cent.; larg., 92 cent.

DIAZ

25 — Paysage.

Haut., 25 cent.; larg., 33 cent.,

DUVERGER

26 — Une Blanchisseuse.

Haut., 25 cent.; larg., 18 cent.

ESBENS

27 — Bachi-Bouzouck en sentinelle.

Haut., 40 cent.; larg., 32 cent.

FAUVELET

28 — Le Fumeur.

Haut., 16 cent.; larg., 12 cent.

FAUVELET

29 — L'Attente.

Haut., 20 cent.; larg., 14 cent.

FAUVELET

30 — La Brouille.

Haut., 24 cent.; larg., 16 cent. 1/2.

ROBERT-FLEURY

31 — Moine quêteur.

Haut., 34 cent.; larg., 27 cent.

ROBERT-FLEURY (Tony)

32 — Varsovie le 8 avril 1861.

Une foule d'environ quatre mille personnes dans laquelle se trouvaient beaucoup de femmes et d'enfants prosternés à genoux, entouraient la colonne Sigismond sur la place du château..... les troupes cernaient de tous côtés..... l'infanterie fit feu.....

Esquisse terminée du tableau exposé en 1866.

Datée Rome, 1866.

Haut., 33 cent.; larg., 51 cent.

EDOUARD FRÈRE

33 — Petit Bûcheron revenant du bois par un temps de neige.

Haut., 26 cent.; larg., 20 cent.

E. GABÉ

34 — L'Oiseau mis en liberté.

Haut., 40 cent.; larg., 30 cent.

HERBSTHOFFER (Charles)

35 — Bohémiens surpris dans une tourmente de neige.

Haut., 41 cent.; larg., 33 cent.

HUGUES

36 — Vallée de Chevreuse.

Haut., 28 cent.; larg., 38 cent.

HUGUES

37 — Paysage.

Haut., 16 cent.; larg., 25 cent.

HUGUES

38 — Paysage.

Haut., 26 cent.; larg., 35 cent.

ISABEY

39 — Le Bateau de la malle entrant dans le port de Calais.

Haut., 23 cent.; larg., 33 cent.

JACQUE (Charles)

40 — Intérieur de Bergerie.

Haut., 20 cent.; larg., 37 cent.

LASSALLE (Louis)

41 — Paysanne à la Fontaine.

Haut., 26 cent.; larg., 21 cent.

LERAY

42 — Un Complot.

Haut., 51 cent.; larg., 41 cent.

LENFANT de Metz.

43 — Le Lever de l'Enfant.

Haut., 27 cent.; larg., 21 cent.

LENFANT de Metz.

44 — Enfant sur les genoux de sa Mère.

Haut., 72 cent.; larg., 21 cent.

LEMMENS

45 — Coq et Poules dans une cour de ferme.

Haut., 25 cent.; larg., 33 cent.

LOFFLER

46 — Etudes interrompues.

Haut., 53 cent.; larg., 42 cent.

MERLE

47 — Chienne allaitant ses petits.

Haut., 80 cent.; larg., 98 cent.

J. NOEL

48 — Vue de Guingamp.

R. F. EST.

Haut., 45 cent.; larg., 32 cent.

J. NOEL

49 — Vue de Landerneau.

Haut., 45 cent.; larg., 32 cent.

LEPOITTEVIN

50 — Le Droit du Seigneur.

Haut., 33 cent., larg., 42 cent.

LEPOITTEVIN

51 — Vue sur les côtes de Bretagne.

Haut., 25 cent.; larg., 32 cent.

ROQUEPLAN

52 — Paysanne béarnaise à la fontaine.

Haut., 34 cent.; larg., 25 cent.

ROQUEPLAN

53 — Paysage, soleil couchant.

Haut., 25 cent.; larg., 34 cent.

TASSAERT

54 — Les Jardins d'Armide.

Haut., 62 cent.; larg., 74 cent.

TASSAERT

55 — La Tentation.

Haut., 62 cent.; larg., 50 cent.

TASSAERT

56 — Diane et ses nymphes surprises par Actéon.

Haut., 52 cent.; larg., 65 cent.

TESSON

57 — Intérieur d'une maison turque sur le Bosphore.

Haut., 49 cent.; larg., 63 cent.

TESSON

58 — **Bazar à Alger.**

Haut., 46 cent.; larg., 63 cent.

THIOLLET

59 — **Animaux dans la vallée de la Touques.**

Haut., 55 cent.; larg., 1 mètre 05 cent.

TRAYER

60 — **Le Retour de l'école.**

Haut., 41 cent.; larg., 32 cent.

TROYON

61 — **Moutons dans un paysage.**

Haut., 26 cent.; larg., 19 cent.

VERVEE & VERBOECKOVEN

62 — Paysage avec figures et animaux.

Les animaux et figures ont été peints par Verbeckhoven.

Haut., 75 cent.; larg., 60 cent.

A. YVON

63 — Episode de la prise de Malakoff.

Haut., 38 cent.; larg., 25 cent.

A. YVON

64 — Le jeune Lehout, caporal de zouaves, plantant le drapeau sur Malakoff.

Haut., 38 cent.; long., 25 cent.

A. ZO

65 — Le Fils de Henri IV (roi d'Angleterre).

Le jeune Henri pensant son père mort, saisit la couronne pour la mettre sur sa tête; à ce moment, le Roi revient à lui..... (Tiré de *Shakspeare.*)

Haut., 92 cent.; larg., 73 cent.

AQUARELLES & DESSINS

ROSA BONHEUR

2650

66 — Troupeau de moutons dans les montagnes de l'Ecosse.

Dessin rehaussé.

ROSA BONHEUR

1600

67 — Bœufs couchés.

Sepia rehaussée.

ROSA BONHEUR

68 — **Bœufs sauvages écossais.**

Sepia.

BONINGTON

69 — **Plage de Calais, plein soleil.**

Aquarelle.

CATTERMOLE

70 — **Chapelle souterraine.**

Aquarelle.

DECAMPS

71 — **Chasseur au furet.**

Sepia.

ÉDOUARD FRÈRE

72 — Episode de la révolution de 1830.

Dessin rehaussé.

ÉDOUARD FRÈRE

73 — Le Laboratoire de l'hôpital d'Ecouen.

Dessin.

GOODALL

74 — Le Prince de Galles en costume de colonel de hors guards.

Aquarelle.

A. HERBERT

75 — Un Grain près des côtes de Deal.

Aquarelle.

MEISSONIER

76 — Jeune Homme assis sur un banc et lisant.

Dessin.

MEISSONIER

77 — Un Soldat républicain.

Dessin.

MEISSONIER

78 — L'Heureux ménage.

Dessin.

MEISSONIER

79 — Jeune Homme en costume Louis XV.

Plume.

ARY SCHEFFER

80 — Sujet tiré d'Ossian.

Aquarelle.

SOLDÉ

81 — Galilée.

Aquarelle.

H. TEN KATE

82 — La Prière à l'église.

Aquarelle.

TESSON

83 — Un Bazar à Alger.

Aquarelle.

TESSON

84 — Vue de Constantinople.

Aquarelle.

WYLD

85 — Une Ville italien .

Aquarelle.

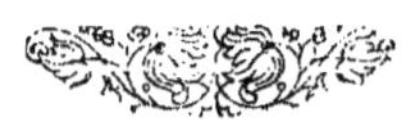

www.ingramcontent.com/pod-product-compliance
Lightning Source LLC
LaVergne TN
LVHW010249230826
846091LV00007B/2878